Petit monde vivant

Les hABiTATiOns Des insecTes

DATE DUE

Bobbie Kalman et John Crossingham

Traduction : Marie-Josée Brière

Les habitations des insectes est la traduction de *Insect Homes* de Bobbie Kalman et John Crossingham (ISBN 0-7787-2379-8).
© 2006, Crabtree Publishing Company, 612 Welland Ave., St.Catherines, Ontario, Canada L2M 5V6

Catalogage avant publication de Bibliothèque et Archives nationales du Québec et Bibliothèque et Archives Canada

Kalman, Bobbie, 1947-

    Les habitations des insectes

    (Petit monde vivant)
    Traduction de : Insect homes.
    Pour enfants de 6 à 10 ans.

    ISBN 978-2-89579-183-6

1. Insectes - Habitations - Ouvrages pour la jeunesse. I. Crossingham, John, 1974-   . II. Titre.
III. Collection: Kalman, Bobbie, 1947-   . Petit monde vivant.

QL467.2.K3614 2008   j595.7156'4   C2007-942482-1

Recherche de photos
Crystal Foxton

Illustrations
Barbara Bedell : page 9
Katherine Kantor : page 24
Bonna Rouse : quatrième de couverture, pages 5, 15, 18, 19 et 28
Margaret Amy Salter : pages 20 et 30-31
Tiffany Wybouw : page 16

Photos
© Alexey Lisovoy. Image fournie par BigStockPhoto.com : page 7 (en haut)
© Can Stock Photo Inc. : dwags : page 28
James Kamstra : pages 13 (à droite), 14, 16 et 26
© Dwight Kuhn : pages 10, 11, 19, 25 et 27
robertmccaw.com : pages 13 (à gauche) et 17 (en bas)
iStockphoto.com : AravindTeki : page 23 ; Rick Jones : page 29 ; Viktor Kitaykin : page 20 ; Chartchai
Meesangnin : pages 22 et 24 ; Greg Nicholas : page 7 (en bas) ; Jeffrey Zavitski : page 17 (en haut)
James H. Robinson / Photo Researchers, Inc. : page 12
Autres photos : Brand X Pictures, Corel, Digital Vision et Otto Rogge Photography

Nous reconnaissons l'aide financière du gouvernement du Canada par l'entremise du Programme
d'aide audéveloppement de l'industrie de l'édition (PADIÉ) pour nos activités d'édition.

 Conseil des Arts   **Canada Council**
    du Canada   **for the Arts**

Bayard Canada Livres Inc. remercie le Conseil des Arts du Canada
du soutien accordé à son programme d'édition dans le cadre
du Programme des subventions globales aux éditeurs.

Dépôt légal – 1er trimestre 2008
Bibliothèque nationale du Québec
Bibliothèque nationale du Canada

Direction : Andrée-Anne Gratton
Traduction : Marie-Josée Brière
Graphisme : Mardigrafe
Révision : Johanne Champagne

© Bayard Canada Livres inc., 2008
4475, rue Frontenac
Montréal (Québec)
Canada H2H 2S2
Téléphone : 514 844-2111 ou 1 866 844-2111
Télécopieur : 514 278-3030
Courriel : edition@bayard-inc.com

Imprimé au Canada

www.petitmondevivant.ca

Sur le site Internet :

**Fiches d'activités
pédagogiques**
en lien avec tous les albums
des collections Petit monde vivant
et Le Raton Laveur

Catalogue complet

Table des matières

Qu'est-ce qu'un insecte ?

Les insectes sont des invertébrés. Ce sont des animaux qui n'ont pas de colonne vertébrale. Une colonne vertébrale, c'est une série d'os au milieu du dos.

Des arthropodes

Les insectes font partie d'un groupe d'invertébrés appelés « arthropodes ». Le corps des arthropodes est protégé par un exosquelette. C'est une carapace dure qui les couvre en entier… y compris leurs pattes et leur tête !

Il existe des milliers d'espèces d'insectes. La mante religieuse (à gauche) est un insecte.

Le corps des insectes

Le corps des insectes se compose de trois parties principales : la tête, le thorax et l'abdomen. La tête porte les yeux, les pièces buccales et deux antennes qui leur permettent de tâter ce qu'il y a aux alentours. Les insectes ont six pattes, rattachées à leur thorax. Certains ont aussi des ailes, également rattachées au thorax. Leur abdomen renferme leurs **organes**.

libellule

Certains insectes, comme les libellules, ont deux paires d'ailes. D'autres n'en ont qu'une paire, et d'autres encore n'ont pas d'ailes du tout.

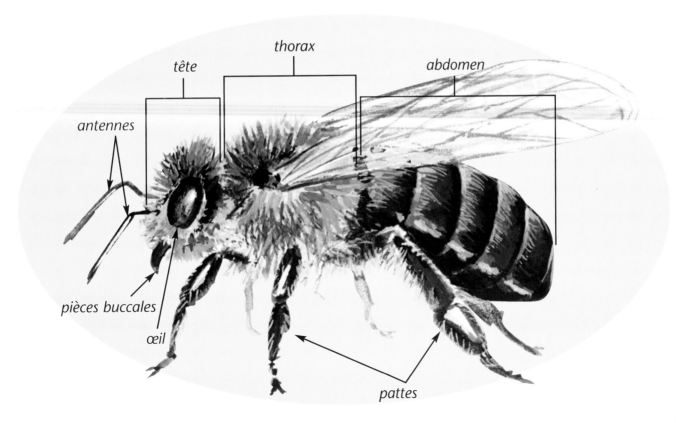

tête
thorax
abdomen
antennes
pièces buccales
œil
pattes

où vivent les insectes?

On trouve des insectes à peu près partout dans le monde. La plupart vivent dans des habitats chauds et humides, par exemple dans des marécages, dans des **forêts pluviales** ou dans le sol. Un habitat, c'est l'endroit où un animal vit dans la nature. Ces habitats fournissent aux insectes l'eau, la nourriture et la température dont ils ont besoin pour survivre.

Ces fourmis champignonnistes vivent dans la forêt pluviale.

Où habiter?

Les habitats des insectes leur fournissent beaucoup d'endroits où s'installer. Certains occupent simplement des espaces qu'ils trouvent entre les pierres et les plantes. D'autres se construisent des habitations.

Ce coléoptère s'apprête à entrer dans son trou. Il y sera au chaud et en sécurité.

Des maisons variées

La grosseur et la forme de ces habitations varient selon les espèces. Certains insectes creusent des tunnels dans le sol ou des trous dans les arbres. D'autres se construi-sent des maisons plus com-plexes, comme le nid de guêpes qu'on voit à droite. Ils y vivent en grandes colonies.

on est bien chez soi

Les habitations des insectes ont différentes utilités. Elles leur permettent d'abord d'échapper à leurs prédateurs. Les prédateurs sont des animaux qui chassent d'autres animaux pour se nourrir. Pour beaucoup d'insectes, l'habitation est également un refuge contre les intempéries. Ceux qui vivent dans les endroits chauds vont s'y rafraîchir. Ceux des régions froides vont s'y réchauffer.

Cette guêpe s'est réfugiée chez elle pour échapper aux prédateurs comme les oiseaux.

Des pouponnières

La plupart des insectes pondent des œufs. Leur habitation constitue un endroit sûr pour pondre leurs œufs et élever leurs petits. Une fois ces œufs éclos, beaucoup de jeunes insectes passent par une série d'étapes et de changements qu'on appelle la « métamorphose ». On voit à droite les quatre étapes de la métamorphose d'une coccinelle.

La coccinelle commence sa vie dans un œuf.

La coccinelle sort de son œuf à l'état de larve.

Au troisième stade de sa métamorphose, la coccinelle est devenue une pupe.

En sécurité

Pendant leur métamorphose, beaucoup d'insectes sont incapables de se protéger des intempéries et des prédateurs. Ils peuvent toutefois se transformer en sécurité dans leur habitation.

La coccinelle est adulte ; elle a terminé sa métamorphose.

La vie dans un trou

Certains insectes creusent des trous dans le sol, ou encore dans des arbres ou des troncs d'arbres tombés. Ce sont pour la plupart des insectes solitaires, ce qui veut dire qu'ils vivent seuls. Certaines espèces de coléoptères, de grillons et de guêpes vivent dans des trous de ce genre.

Un espace restreint

Les tunnels qui mènent à ces trous sont juste assez grands pour laisser passer les insectes qui les ont creusés. Ainsi, les animaux plus gros ne peuvent pas y entrer.

Cette abeille solitaire s'apprête à entrer dans son trou. Comme la plupart des trous d'insectes, il s'agit d'une toute petite ouverture dans le sol, difficile à distinguer pour les autres animaux.

De retour dans le trou

Les insectes rapportent parfois de la nourriture dans leur trou. C'est ce que fait la guêpe perce-bois, par exemple, quand elle tue un autre insecte. Une fois chez elle, elle mange sa proie. Une proie, c'est un animal qu'un prédateur chasse pour se nourrir.

Le savais-tu ?

Certains insectes vivent dans des endroits où les hivers sont froids. Ils survivent aux basses températures en restant bien au chaud dans leur trou.

Cette guêpe perce-bois rapporte une proie dans son trou.

Vivre dans le bois

Beaucoup d'insectes vivent dans les plantes, et en particulier dans les arbres. Certains mangent aussi des plantes. Leur habitation leur fournit donc à la fois un abri et de la nourriture.

Des mâchoires puissantes

Certains insectes, comme les abeilles charpentières, ont des mâchoires puissantes capables de gruger le bois et l'écorce des arbres. C'est ainsi que ces abeilles aménagent les pièces dans lesquelles elles vivront. D'autres grugent des troncs d'arbres tombés, dont le bois pourri est mou et facile à grignoter.

*Les abeilles charpentières ne mangent pas le bois qu'elles grugent. Elles se nourrissent de **pollen** et de **nectar** de fleurs. Celle qu'on voit ci-dessus a du pollen sur le dos.*

Ça glisse !

Grâce à la forme particulière de leur corps, les insectes qui vivent dans le bois peuvent se glisser sous l'écorce des arbres ou se faufiler dans de très petits espaces. La larve de coléoptère qu'on voit ci-dessous a un corps très mince. Elle peut facilement entrer dans les fissures d'un tronc d'arbre pourri et en ressortir.

Le savais-tu ?

Certains insectes ne vivent pas dans des plantes, mais ils y pondent leurs œufs. Les jeunes insectes pourront s'y développer en sécurité. Chez beaucoup d'insectes solitaires, la femelle porte au bout de son abdomen un long organe appelé « ovipositeur ». Elle s'en sert pour pondre ses œufs dans des endroits difficilement accessibles, par exemple à l'intérieur d'un tronc d'arbre ou d'une tige de plante.

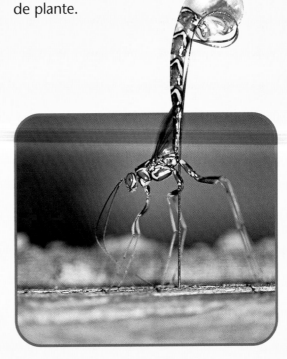

Cette femelle ichneumon possède un long ovipositeur qui lui permet de percer des trous profonds dans le bois.

La vie en groupe

Toutes les fourmis de cette colonie travaillent ensemble.

Certains insectes, comme les fourmis, les abeilles, les termites et certaines espèces de guêpes, sont des insectes sociaux. Ils vivent en grands groupes appelés « colonies », qui comptent parfois plus d'un million d'insectes !

Un travail d'équipe

Les insectes qui vivent en colonies travaillent ensemble pour éloigner les prédateurs. Ils unissent aussi leurs efforts pour construire des habitations qui comprennent de nombreuses pièces. Certaines de ces pièces abritent les jeunes. D'autres servent à entreposer la nourriture. Il y a même des pièces pour mettre les déchets !

À chacun sa tâche

Chaque insecte de la colonie appartient à un groupe appelé « caste ». Et chaque caste a son rôle à jouer pour contribuer à la vie de la colonie. À chaque insecte sa tâche! Les castes d'abeilles et leurs différentes tâches sont décrites ci-dessous.

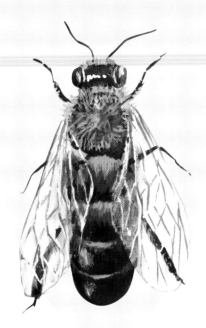

Les mâles portent le nom de « faux bourdons ». Ils ont pour tâche de s'accoupler avec la reine abeille.

La reine dirige la colonie. Elle pond des milliers d'œufs d'où sortiront de jeunes abeilles.

Les ouvrières sont des femelles. Elles construisent, réparent et protègent la ruche. Elles ramassent aussi de la nourriture pour les autres insectes de la colonie et prennent soin des petits.

Des maisons de papier

Certaines guêpes construisent leur nid dans le sol. D'autres le suspendent à un arbre, comme celui qu'on voit ci-dessus.

Les guêpes qui construisent des nids, comme les guêpes jaunes et les polistes, sont des insectes sociaux. Elles forment des colonies où vivent des ouvrières, des mâles et une reine. Ce sont les ouvrières qui construisent et qui réparent le nid de la colonie.

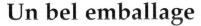

Des ouvrières occupées

Pour construire un nid, les guêpes
ouvrières mâchent du bois en y
ajoutant de la **salive** pour le ramollir
et en faire une **bouillie**. Elles se
servent de leurs pièces buccales et
de leurs pattes pour façonner cette
bouillie en petites **alvéoles** à six côtés.
Cette forme d'hexagone rend ces
alvéoles plus solides. Une plaque
d'alvéoles s'appelle un « rayon ».

*Ces guêpes fabriquent des alvéoles pour
leur nid.*

Un bel emballage

Une fois façonnée en rayons, la
bouillie durcit et finit par ressembler
à du papier. Les ouvrières fabriquent
ensuite de minces enveloppes autour
des rayons pour empêcher l'air froid
de pénétrer dans le nid. Si le nid
est endommagé, les ouvrières
fabriqueront de la nouvelle bouillie
et répareront les dégâts.

*Ces guêpes ouvrières s'assurent qu'il n'y a pas de
trous dans leur nid.*

Des ruches animées

Certaines espèces d'abeilles sociales vivent en groupes dans des ruches. Les alvéoles de ces ruches sont faites de cire, que les ouvrières fabriquent à l'intérieur de leur corps. Cette cire sort de leur corps en flocons. Les abeilles ramollissent ces flocons avec leurs pattes et leurs pièces buccales pour en faire des alvéoles.

Les abeilles ouvrières fabriquent dans leur corps une substance collante appelée « résine ». Elles se servent de cette résine pour réparer les alvéoles et pour assembler les différentes parties de la ruche.

Des alvéoles spécialisées

Les alvéoles des ruches d'abeilles servent à différentes choses. Beaucoup contiennent des œufs. La reine en pond jusqu'à 1000 par jour! Elle en dépose un par alvéole. D'autres alvéoles abritent des larves. Et, dans une autre partie de la ruche, les alvéoles contiennent de la nourriture, par exemple du nectar et du miel.

Le savais-tu ?

Les abeilles fabriquent du miel en recueillant le nectar des fleurs. Elles entreposent ce nectar dans des alvéoles, où il se transforme en miel avec le temps. Les larves et les abeilles adultes se nourrissent de ce miel.

Les abeilles couvrent souvent les alvéoles de leur ruche de capuchons de cire, comme on peut le voir ci-dessus.

Des nids douillets

La plupart des espèces de fourmis construisent des nids au-dessus ou au-dessous du sol. Ce sont des fourmilières. Les nids de fourmis contiennent de nombreuses pièces reliées par des tunnels sinueux. Avec leurs mâchoires et leurs pattes, les fourmis creusent ces tunnels et déplacent la terre qu'elles ont dégagée. Elles créent ainsi des tas de terre ou de sable à l'extérieur de leur nid. Certains de ces tas sont minuscules. D'autres peuvent atteindre près de deux mètres de haut!

Les colonies de fourmis habitent dans des nids. Elles se composent d'ouvrières, de mâles et d'une reine.

À la ferme

Beaucoup de fourmis ont des fermes chez elles! Elles se servent d'une des pièces de leur nid pour faire pousser des champignons dont elles se nourrissent. Un groupe d'ouvrières ramasse des bouts de feuilles et les rapporte au nid. D'autres ouvrières transportent ensuite ces feuilles jusqu'à la ferme pour en faire un compost. C'est sur ces déchets végétaux que pousseront les champignons.

Ces fourmis champignonnistes sont des fermières. Elles coupent des feuilles en morceaux et les rapportent à leur nid.

Les constructions des termites

Les colonies de termites se composent d'ouvriers, de soldats, d'un roi et d'une reine. Les ouvriers accomplissent à peu près les mêmes tâches que les abeilles ouvrières. Les soldats gardent la colonie. Le roi est le seul à s'accoupler avec la reine.

Les nids de termites

Certains termites construisent leurs nids dans les arbres avec des branches et de la terre. D'autres les creusent plutôt sous le sol ou dans le bois, et y aménagent des tunnels et des pièces. Les termites qui vivent dans le bois sont capables de le manger et de le digérer.

Les termites n'aiment pas la lumière du jour. Ils évitent donc de sortir de leur nid pendant la journée.

Les termitières

Certains termites construisent d'énormes habitations appelées « termitières ». Ce sont des monticules faits d'un mélange de terre, de salive et d'excréments de termites. Ils font parfois plus de neuf mètres de haut ! Chaque termitière peut abriter plus d'un million de termites. Les ouvriers travaillent en permanence à la nettoyer et à la réparer.

Les termitières géantes sont très solides.
Il faudrait un marteau pour en détruire une !

Le savais-tu ?

Les insectes de la plupart des espèces ne vivent que quelques jours ou quelques semaines. Chez les termites, cependant, les ouvriers et les soldats atteignent souvent trois à cinq ans. Et le roi et la reine de la colonie peuvent vivre plus de 15 ans ! Leur habitation solide et sûre les protège tout au long de leur existence.

23

Termiteville

Une termitière, c'est comme une ville. L'intérieur de cet immense monticule est sillonné de tunnels et de pièces en longueur appelées « galeries ». La plupart des termites vivent dans ces galeries. Les galeries principales se trouvent à environ trois mètres sous terre. Le roi et la reine occupent la chambre royale, une galerie aménagée au milieu de la termitière.

La reine termite (à gauche) ne quitte jamais la chambre royale. Des ouvriers lui apportent de l'eau et de la nourriture. D'autres ramassent ses œufs et les transportent dans les galeries servant de pouponnières, où seront élevés les jeunes termites.

À boire et à manger

Beaucoup de tunnels de la termitière débouchent sur l'extérieur. Ainsi, les ouvriers peuvent sortir facilement pour ramasser du bois, des graines, des **lichens** et d'autres végétaux afin de nourrir la colonie. Ils se servent d'une partie de ces provisions pour faire pousser des champignons, dans des fermes qui ressemblent à celles des fourmis. Les tunnels les plus profonds de la termitière mènent à de l'eau souterraine, emmagasinée dans le sol. Les termites ont besoin de cette eau pour survivre.

Le savais-tu ?

Les termitières sont climatisées ! Elles sont munies d'évents. Ce sont des trous d'aération qui permettent à l'air chaud de s'échapper. Les ouvriers gardent l'habitation à une température confortable en enlevant ou en ajoutant de la terre sur ces évents.

Les termites soldats ont de grosses mâchoires puissantes. Ils gardent l'entrée de la termitière.

25

On s'installe !

Les insectes de certaines espèces construisent des habitations
temporaires quand ils se déplacent d'un endroit à l'autre. Les
fourmis légionnaires, par exemple, sont presque toujours en
mouvement. Quand elles ont besoin de repos, elles s'arrêtent et
font un nid là où elles se trouvent. Ce nid s'appelle un « bivouac ».
Les fourmis le fabriquent en s'accrochant les unes aux autres et en
formant une boule avec leurs corps. La reine, les œufs et les larves
sont en sécurité à l'intérieur du bivouac.

Des invités indésirables

Il arrive que des insectes vivent dans des habitations construites par d'autres. Mais toutes les espèces ne sont pas les bienvenues ! Certaines colonies de fourmis accueillent des coléoptères qui les nourrissent et les protègent. Cependant, les fourmis ne sont jamais contentes quand une autre reine arrive chez elles. Une fois installée, celle-ci fait tuer l'ancienne reine ! Et elle devient la nouvelle reine de la colonie.

Les guêpes parasites installent leurs pouponnières dans le corps d'autres animaux ! Avec leur dard, elles pondent des œufs sur des chenilles de papillons nocturnes. Quand elles éclosent, les larves vivent sur ces chenilles et les mangent lentement jusqu'à ce qu'elles meurent. Cette chenille a servi de repas à plusieurs dizaines de larves de guêpes.

Des habitations utiles

Les habitations de certains insectes sont utiles aussi pour d'autres animaux et pour les humains. C'est le cas par exemple des ruches d'abeilles, où les animaux et les humains trouvent du miel. On appelle « apiculteurs » les gens qui élèvent des abeilles pour leur miel. Ils fournissent aux abeilles des ruches où habiter, puis y recueillent le miel.

Les abeilles mangent une partie du miel qu'elles fabriquent dans leur ruche. Un apiculteur recueille le reste.

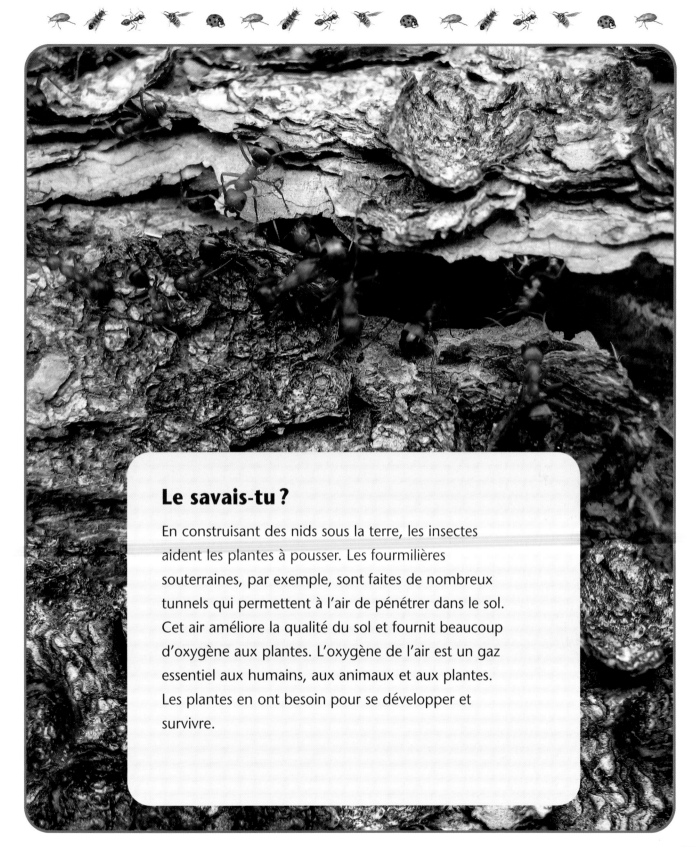

Le savais-tu ?

En construisant des nids sous la terre, les insectes aident les plantes à pousser. Les fourmilières souterraines, par exemple, sont faites de nombreux tunnels qui permettent à l'air de pénétrer dans le sol. Cet air améliore la qualité du sol et fournit beaucoup d'oxygène aux plantes. L'oxygène de l'air est un gaz essentiel aux humains, aux animaux et aux plantes. Les plantes en ont besoin pour se développer et survivre.

Dans la termitière

Ce jeu te donnera une idée de la vie bien remplie d'un termite. Essaie d'être le premier ouvrier à parcourir toute la termitière pour apporter de l'eau et de la nourriture au roi et à la reine.

Il te faudra
des pions
un dé

Comment jouer

Pour commencer, tous les joueurs placent leur pion sur la case de départ. Chacun leur tour, ils lancent le dé et déplacent leur pion dans la termitière en suivant les instructions. Le gagnant est le premier joueur à se rendre au milieu pour apporter de l'eau et de la nourriture au roi et à la reine.

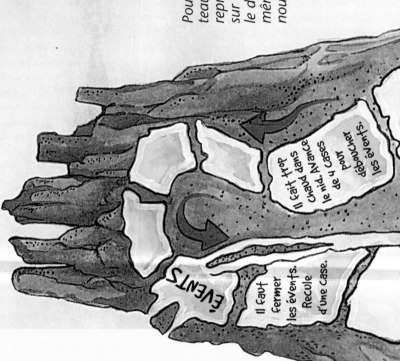

Pour agrandir le plateau de jeu, tu peux reproduire ce dessin sur du carton. Si tu le désires, tu peux même y ajouter de nouveaux défis.

ÉVENTS

Il fait trop chaud dans le nid. Avance de 4 cases pour déboucher les évents.

Il faut fermer les évents. Recule d'une case.

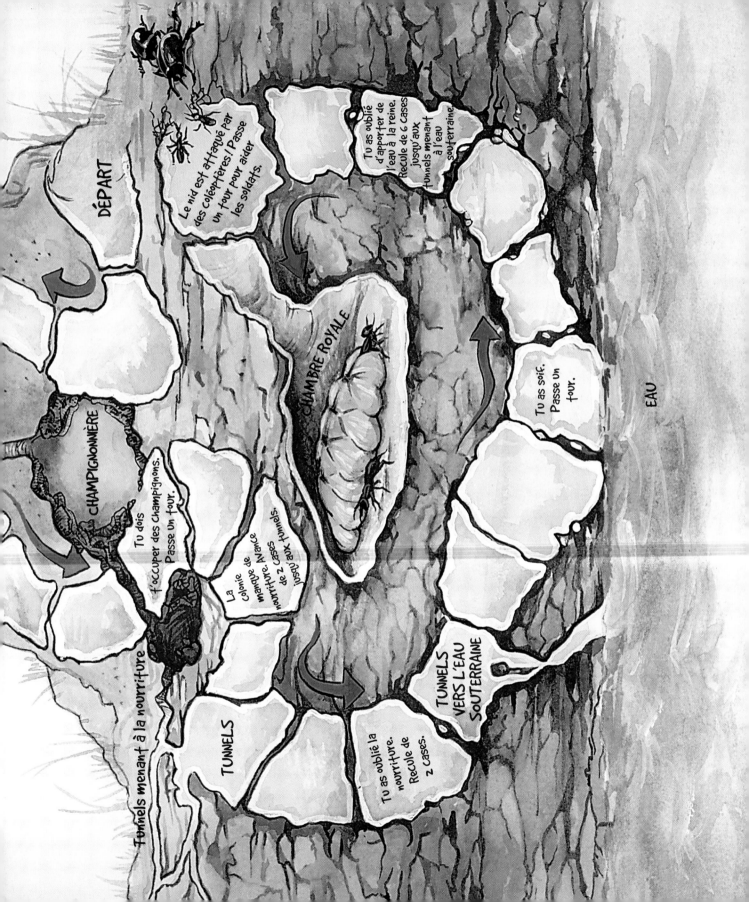

Glossaire

accoupler (s') S'unir pour faire des bébés

alvéole Pièce à six côtés à l'intérieur d'une ruche ou d'un nid de guêpes

bouillie Pâte de bois molle et humide

champignons Végétaux qui se nourrissent d'autres organismes, vivants ou morts

digérer Dissoudre de la nourriture dans l'estomac

forêt pluviale Forêt où il tombe plus de 200 centimètres de pluie chaque année

lichen Type de végétal qui pousse sur les pierres, les murs ou les arbres

nectar Liquide sucré qu'on trouve dans les fleurs

organe Partie du corps (le cœur, par exemple) qui accomplit une tâche particulière

pollen Substance poudreuse fabriquée par les plantes, qui sert à la reproduction

ruche Habitation des abeilles

salive Liquide clair présent dans la bouche des animaux

temporaire Qui est utilisé pour une courte période

Index